LA RÉPUBLIQUE

JUGÉE

PAR LES RÉPUBLICAINS

CHAUMONT. — IMPRIMERIE DE C. CAVANIOL.

LA
RÉPUBLIQUE

JUGÉE PAR

LES RÉPUBLICAINS

PAR

E. DE TRELVE.

Nisi Dominus custodierit civitatem frustra vigilat qui custodit eam.
(Ps. 126, ℣ 2.)

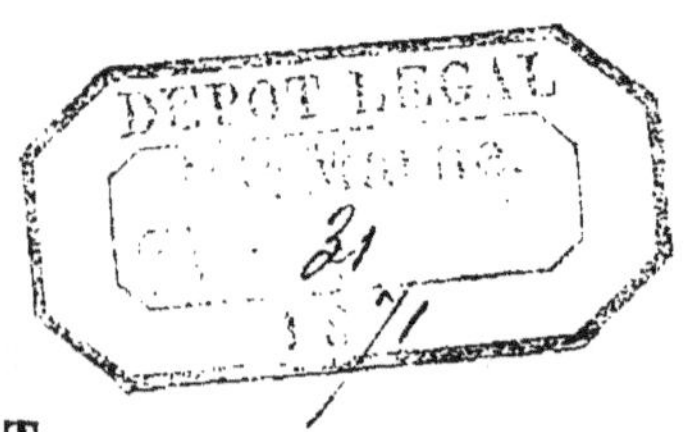

CHAUMONT

IMPRIMERIE DE CHARLES CAVANIOL

1871

Depuis près d'un siècle les lois divines et humaines sont plus qu'elles ne l'ont jamais été attaquées, insultées, violées. Ces attaques, qui sont la manifestation éclatante d'une dépravation profonde de l'esprit public, devaient forcément conduire à des catastrophes ; celles qui nous atteignent dépassent toutes les prévisions ; mais, si effroyables qu'elles soient, nous ne devons pas désespérer de les surmonter ; seulement il faut vouloir. L'abîme n'est si large que parce que les exemples de l'impiété partant de haut sont allés tomber plus loin. Arrêtons ce fléau, nous le pouvons. Au lieu d'accorder notre attention, notre intérêt à des jongleurs ou à des misérables, n'entourons de notre estime, de nos respects, de nos sympathies, n'investissons de notre confiance que des hommes graves, sérieux, aux convictions honnêtes, aux principes sûrs, aux sentiments épurés ; et ce sera facile si nous consentons une bonne fois à nous dépouiller d'un enthousiasme malsain pour le grotesque, l'absurde, l'excessif, si enfin nous mettons de côté notre esprit vaniteux, frondeur, insoumis.

I

En France, nous autres Champenois, on nous appelle des moutons ; moutons, soit. Les plus bêtes ont quelquefois du bon. Dans nos bercails, quand plusieurs têtes sont atteintes de vertige, on les sépare, et le reste du troupeau conserve repos et santé. Que nos concitoyens usent du même procédé à l'égard des individualités qui n'ont pu pénétrer qu'à la faveur de nos troubles au sein de la représentation nationale pour en usurper l'honneur, et le pays retrouvera bientôt, lui aussi, et le repos et la santé. — Il n'y a pas à hésiter quand, dans un conseil de gouvernement, on trouve des hommes qui font de la politique l'art funeste de tromper et d'égarer ceux qu'ils ont mission et devoir de gouverner ; il faut les en faire sortir. Gouverner, c'est moraliser par l'exemple et les institutions ; c'est tout à la fois protéger, prévenir et réprimer.

« La vraie politique, dit Plutarque, ne peut avoir d'autre principe que la morale, puisque la grandeur des nations n'a de fondement solide que dans les mœurs et la vertu. La morale, en effet, dans l'ordre naturel, embrasse tous les devoirs de l'homme, dans quelque pays et sous quelques lois qu'il vive ; au lieu que la politique proprement dite ne prescrit aux hommes que les obligations que leur impose leur titre de citoyens. La politique est l'espèce, la morale est le genre, La politique doit donc être *toujours* subordonnée à la morale et en déduire tous les principes de gouvernement ; vouloir la séparer, pour en faire une science isolée, c'est détruire une association fondée sur la nature même ; mais prétendre que la politique a d'autres principes que la morale, qu'elle peut, qu'elle doit même souvent suivre des routes contraires, c'est dénaturer toutes les idées. »

Une petite explication va faire adopter plus vite le sentiment de Plutarque qu'on ne saurait professer trop haut dans une société où tout s'en va à la dérive, principes et sentiment, c'est-à-dire intelligence, esprit et cœur. — Oui, la morale est le fondement des empires. Qu'est-ce qu'un Etat ? — Une réunion de familles, c'est-à-dire une réunion de petits Etats. Toute famille est un petit gouvernement. La mieux constituée est celle où règnent l'obéissance, la concorde, le respect et l'amour ; celle, en un mot, où il y a le plus de moralité, le plus de vertu. L'Etat qui serait le plus heureux serait donc celui qui ne se composerait que de petits Etats semblables à celui décrit, parce que la vertu y serait le plus pratiquée. Le mot vertu représente en effet à l'esprit l'observation de tout ce qui est bien, l'abstention de tout ce qui est mal. La soumission à l'autorité, l'obéissance aux lois, le respect des choses et des hommes, la modération, la douceur, la patience, la fidélité aux engagements, enfin la pratique de la religion, qui résume tout cela parce qu'elle l'impose ; au contraire, la violence, le mensonge, la calomnie, les attaques contre les propriétés et les individus, l'intempérance, la rébellion contre les auxiliaires du pouvoir, le mépris des lois, l'irréligion, les scandales de toute espèce, voilà le mal !

Ceci démontré et admis, on ne peut s'y refuser. Il est clair que la félicité dans l'Etat ne pourra se produire qu'autant qu'on mettra à la tête des affaires, et *exclusivement* à tous autres, des hommes vertueux, ne répudiant jamais rien de ce que commandent la conscience et l'honneur, l'hommage à Dieu, la charité envers le prochain, ne séparant jamais les intérêts de la terre de ceux du ciel, sans cesse occupés du bien public et non de leur fortune ou de celle de leur famille, estimant les autres non à raison du plus ou moins de concours qu'ils pourraient leur offrir pour le soutien d'une grande position acquise et qu'ils seraient jaloux de conserver ou d'étendre, mais, d'après leur valeur réelle, la dignité de leur vie, l'honorabilité de leur caractère, la solidité de leur instruction et de leurs principes, leur fidélité au devoir, enfin, d'après leurs services effectifs. Ce choix est d'autant plus important, que les électeurs qui donnent leurs voix à un de leurs concitoyens pour faire de lui un représentant ne sont pas seuls engagés par les votes du candidat qu'ils ont proclamé ; que la proposition que le suffrage de ce mandataire convertit en loi ne devient pas obligatoire seulement pour ceux qui l'ont investi de leur confiance, elle le devient pour toute cette partie de la population qui n'est pas appelée à prendre part aux élections. Le représentant qui, par son vote, transforme une simple proposition en loi, dispose pour la minorité qui s'est opposée à son élection, comme pour la majorité qui l'a choisi ; il dispose non-seulement pour les habitants de son arrondissement électoral, mais encore pour tous ceux des autres arrondissements qui sont complétement étrangers à son élection. Il engage les générations futures autant au moins que les générations présentes ; car il est rare que les bons ou les mauvais effets d'une loi se manifestent après qu'elle est faite.

Dans de pareilles conditions, il faut donc, il faut absolument à ce représentant un apport qui serve de gage à tous, et cet apport, c'est la moralité ! — Qu'il siége ensuite dans les rangs de l'opposition ou de la majorité, il n'importe ; un honnête homme ne fait pas d'opposition par système. Quelque résolution qu'il prenne, il obéit à sa conscience, et puisque nous supposons que la morale en est le fond, on n'aura jamais rien à craindre de sa part qui puisse nuire aux droits de l'Etat et des familles.

C'est par le bon exemple bien plus que par leurs conseils que le père et la mère, chefs naturels de la famille, développent chez leurs enfants les semences de vertu qu'ils se plaisent à y cultiver et qu'ils les y enracinent ; de même il faut que par l'exemple des représentants, chefs légaux des familles réunies, la vertu s'implante et se développe parmi les représentés. Car « tel est l'ascendant de la vertu, qu'en même temps que nous admirons les actions qu'elle inspire, nous sentons s'allumer en nous un désir ardent de ressembler à ceux qui les ont faites. » (Plut.)

« Les actes des gouvernants doivent avoir l'influence et l'effet de la censure. On a moins besoin de commandement que d'exemples. Ceux-ci ont plus d'autorité ; ils ont surtout cet avantage qu'ils ne conseillent rien qui ne soit possible. Il faut que du palais des gouvernants on rapporte dans sa demeure, sous son humble toit, des exemples d'ordre, de tranquillité, de religion et de morale. » (Pline.)

II

C'est une nécessité de toute évidence de ne placer au timon de l'Etat que des hommes capables d'imprimer aux mœurs un élan qui les perfectionne, bien plutôt qu'une impulsion qui les corrompe et les dégrade; car si ce sont les hommes qui font les gouvernements, il n'est pas moins vrai de dire que ce sont les gouvernements qui font les hommes. L'homme est un être enseigné, essentiellement perfectible, mais moyennant que les préceptes et l'exemple y contribuent. Aussi, toutes les fois qu'un gouvernement, par sa nature, sera tel qu'il favorisera le développement des vices aux dépens de la vertu, il est du devoir de tous les hommes sérieux, honnêtes, dévoués à leur pays, de demander son changement et de former en plein jour, en faveur de la vertu, une généreuse conspiration.

Dans la tête réside principalement le siége de la vie ; si la corruption l'affecte, tout le reste du corps s'en sentira bien vite. Du sommet, elle gagnera rapidement les extrémités. Les honneurs et les dignités sont faits pour le mérite et la vertu, parce qu'ils en sont la récompense. Il n'est personne qui ne s'indigne de voir le vice heureux et la vertu malheureuse, proscrite, délaissée, prêter la main à l'élévation du premier au détriment de la seconde ; c'est lui porter un coup funeste ; c'est bouleverser toute justice, tout sens moral ; c'est vouloir remplacer des assises inébranlables par des assises vermoulues et qui portent en elles le germe de destruction de l'édifice qu'elles soutiennent ; c'est plus encore : c'est forcer la vertu à douter d'elle-même quand elle voit passer au vice ce qui lui était et devait lui être exclusivement réservé. Elle s'arrête, indécise et inquiète ; elle s'interroge, elle hésite, chancelle, et la plus forte finit quelquefois par succomber.

Sans doute, tout gouvernement a pour but, en général, de diriger vers le bien, de moraliser. Cependant il peut arriver que s'il puise sa raison d'être dans une source infectée, il lui soit impossible, quoi qu'il fasse, de faire produire des résultats avantageux aux réformes qu'il tente. Tout mauvais arbre produit de mauvais fruits.

Supposons, par exemple, et cet exemple n'est pas oiseux, depuis quatre-vingts ans il s'offre souvent à nos regards, supposons, dis-je, qu'un gouvernement soit sorti de la violence, tout ce qu'il produira se sentira de son origine ; je dis de plus qu'il sera forcé, pour ne point se mentir à lui-même, de faire appel sans cesse à ce à quoi il doit d'exister, qu'il appellera des décrets de la raison au tribunal de folie. La violence, nous l'avons vu, est un vice ; comment le vice enfanterait-il la vertu ! Le principe étant mauvais, la conséquence doit l'être. Point de félicité à goûter dans un pareil état, la félicité étant la condition de la vertu.

Dès qu'on adopte la violence pour principe de la légalité, tout doit changer, parce que rien ne se trouve plus en rapport avec ce nouveau *criterium*. Si la violence peut créer le droit, il faut dire que la révolte est l'obéissance, que l'iniquité est la justice, que la propriété est le fruit du vol, la famille une abstraction, Dieu un mensonge, puisque Dieu étant la vertu même, la source de toute perfection, il cesse d'être, du moment qu'on prend pour vérité ce qui ne saurait être un de ses attributs et que lui seul est vérité. J'ajoute que l'Etat lui-même n'existe plus, parce que l'obéissance étant son point d'appui comme celui de la famille, la même cause qui fait disparaître celle-ci l'anéantit. L'âme humaine enfin reste sans fondement, parce que sans l'idée de Dieu il n'y a plus ni morale ni vertu, par conséquent point de justice.

« La loi n'est rien, dit de Lamartine, si elle n'est que l'expression de la volonté humaine. Pour la rendre sainte, il faut qu'elle soit l'expression de la volonté divine. Ce qui la constitue devoir, c'est le sentiment qui fait remonter

cette obéissance à Dieu, autrement elle n'est que servitude·
La chaîne divine de la foi en Dieu retient seule la conscience ; si on la secoue, on secoue en même temps tous les
liens du devoir. Une conscience sans Dieu, c'est un tribunal
sans juge. La lumière de la conscience n'est autre chose
que la réverbération de l'idée de Dieu. Eteignez Dieu, il fait
nuit dans l'homme ; on peut prendre au hasard la vertu
pour le crime, le crime pour la vertu. »

Sans croyance en Dieu aucun Etat ne peut subsister. Le
gouvernement qui prétendrait s'y implanter n'a pas de sol
où il puisse enfoncer ses racines. Pour être légitime il ne
peut reposer que sur cette base immuable ; sans elle, il est
sans droit, il lui est impossible d'établir sa validité ; suivez-
moi. Les hommes ne dépendent pas les uns des autres, ils
ont tous une cause commune et créatrice, Dieu, de laquelle
ils dépendent ; mais cette cause, en imposant à l'homme,
par sa nature même, l'obligation de vivre en société, l'a
soumis à des rapports de subordination et de déférence vis-
à-vis des chefs qui, soit expressément, soit tacitement, sont
préposés à la protection et à la défense du corps social dont
il est membre. Si ce corps social vient à nier Dieu, il pro-
clame donc par cette négation, pour chacun des membres
qui le constituent, le droit de vivre à sa guise, sans autre
guide que sa volonté, sans autre frein que son bon plaisir,
puisqu'étant reconnu que l'homme ne tirant pas son principe de l'homme, un homme ne saurait donner des lois à
son semblable.

Les conséquences d'un gouvernement qui ne devrait son
avénement qu'à une usurpation injuste et violente sont
maintenant faciles à mesurer. C'est le nôtre, et la France,
depuis quatre-vingts ans, battue par la tempête révolutionnaire, se meurt de consomption.

Les torrents de sang versés par la première Révolution,
qui commence l'ère des douleurs de notre chère patrie, ont
été impuissants à lui donner le bonheur, parce qu'il est
sorti de ce banditisme des théories politiques qui n'ont fait
qu'égarer les consciences. Ignorants du point de départ de
l'humanité et de la fin où elle doit tendre, les révolutionnaires n'ont entretenu l'homme que de ses droits et re-
poussé loin de lui l'idée du devoir ; comme si le droit de
chacun n'avait pas pour limite le droit des autres ; comme
si la vraie liberté ne consistait pas seulement à faire ou à
pouvoir faire tout ce qu'on doit. — Eh ! sans doute,
l'homme a des droits, et comme homme et comme citoyen ;
mais avant d'être créancier, il est débiteur ; il a des dettes
à payer, des devoirs à remplir avant de pouvoir faire va-
loir ses titres, réclamer ses créances. Créature sujette, in-
firme, limitée, il est tenu à l'hommage et à la foi, au respect et à l'amour, et ce n'est que lorsqu'il s'est acquitté de
ses obligations qu'il peut réclamer quelque chose, ce quelque chose étant la récompense de sa soumission. Est-ce
qu'avant de réclamer les droits de membre de la cité, il ne
faut pas se soumettre aux charges que ce titre impose, ou
les acquitter ?

III

En 1848, comme en 1870, la République a été le triomphe du désordre sur des pouvoirs organisés, triomphe pré-
paré de longue main par des ambitieux avides de fonctions
et d'honneurs, et incapables pour la plupart d'en soutenir
le poids. Aussi, je me souviens qu'on n'était pas au lende-

main de leur avènement, que déjà, de toutes parts, on déplorait la ruine des affaires, on appelait la royauté comme gage de travail, de crédit et de sécurité. « C'est que sous la monarchie le suprême pouvoir est une autorité raisonnable, fondée sur les lois même et tempérée par elles, autorité juste et modérée qui ne peut sacrifier la liberté et la vie d'un citoyen à la méchanceté d'un flatteur, qui se soumet elle-même à la justice, qui lie inséparablement l'intérêt de l'Etat à celui du trône, qui fait d'un royaume une grande famille gouvernée par un père, tandis que, sous la République, le suprême pouvoir n'est que du despotisme ! »

L'expérience n'a que trop prouvé la vérité de cette assertion, mais je veux l'établir pour ceux qui pourraient avoir quelque intérêt à la contester.

« Une république, dit Voltaire, n'est point fondée sur la vertu, mais sur l'ambition de chaque citoyen qui contient l'ambition des autres, sur l'orgueil qui réprime l'orgueil, sur le désir de dominer qui ne souffre pas qu'un autre domine ; de là se forment des lois qui conservent l'égalité autant qu'il est possible. C'est une société où des convives, d'un appétit égal, mangent à la même table jusqu'à ce que vienne un homme vorace et vigoureux qui prenne tout pour lui et leur laisse les miettes. »

« Dans toutes les républiques on trouve les mêmes vices à combattre, la même lutte à soutenir contre des démagogues ambitieux qui n'aspirent qu'à dominer, contre des hommes corrompus qui veulent élever sur la ruine des lois et de la liberté une autorité tyrannique. L'ambition et la cupidité envahissent toutes les charges, et l'intrigue seule ouvre la route des honneurs. Les sages institutions longtemps respectées ne sont plus aux yeux de ces ardents rénovateurs que de vains simulacres dont on se joue impunémment et dont les hommes de bien réclament en vain l'exécution.

« Dans toutes on rencontre des orateurs perfides et lâches qui se disputent le droit de gouverner, ou pour mieux
dire de grandir la corruption des masses populaires, afin
qu'en déchaînant toutes les passions ils soient amenés plus
facilement à les asservir, en prenant pour prétexte les
excès mêmes qu'ils ont conseillés. Il faut remarquer toutefois que leur règne n'est que d'un jour, et que dans les circonstances difficiles, c'est vers les hommes de justice, de
raison et de vertu que la masse tourne ses regards comme
vers le pilote, seul capable de tenir le gouvernail pendant
la tempête et de conduire à bon port le vaisseau de l'Etat ;
et on voit alors le même peuple qui tout à l'heure prodiguait ses bravos à ceux qui favorisaient ses caprices, leur
donner la préférence et subir volontairement l'ascendant
de la vertu. » (Plutarque.)

— « Enfin, la démocratie pure est moins un gouvernement que comme un encan public de toutes les espèces de
gouvernements. Rien n'y est tranquille, personne n'aime sa
situation présente, on voit chaque jour des hommes, jaloux
de gouverner eux-mêmes, devenir secrètement les ennemis
du bien public. » (Dion.)

C'est bien tout ce que nous avons vu. Qu'on se rappelle,
pour 1848, la manifestation du 16 avril, l'envahissement
de l'Assemblée au 15 mai, les affreuses journées de Juin,
les émeutes de Rouen, de Lyon, de Troyes, etc., etc. Dernièrement celles de Marseille, de Lyon, et cette immense
sédition de Paris, pour la qualification de laquelle on ne
trouve de nom dans aucune langue, tant la férocité et la
barbarie ont dépassé ce que pouvait concevoir l'imagi

nation la plus dépravée, et on restera convaincu que la République n'est que le gouvernement de l'émeute par l'émeute.

Je signale donc une folle prétention, celle, je le regrette pour lui, qui affecte le chef du pouvoir exécutif lui-même en ce moment, prétention qui tend à vouloir faire découler une onde pure et bienfaisante d'une source empoisonnée.

IV

En 1848 comme en 1870, la République a été une surprise, et certes peu agréable pour beaucoup ; elle a eu, il est vrai, en 1848, une investiture légale ; mais c'était la robe d'innocence sur les épaules d'une abandonnée, ce qui n'empêchait personne de reconnaître son impureté, car ce fatal déguisement avait eu lieu quand la licence exerçait ses ravages, quand la lie de la nation bouillonnait violemment, alors que rien n'était organisé, qu'on était à peine revenu de la stupeur causée par une révolution si soudaine, si inattendue, alors que tout était aux mains de ceux qui s'en étaient d'eux-mêmes emparés.

Le péril, assurément, était immense, mais on l'avait provoqué. J'admets toutefois que ce soit une circonstance atténuante dans le procès contre les usurpateurs. J'en accorde autant à ceux de 1870 ; mais je ne saurais leur pardonner d'avoir, à la première, comme à la seconde époque, anticipant sur les droits du pays, osé proclamer une forme de gouvernement ; c'est un droit qu'ils n'avaient pas, c'est un arbitraire que rien ne pourra jamais légitimer et qui ne sera jamais regardé que comme une satisfaction donnée aux rêves de quelques ambitieux, comme un acte de faiblesse de la part de ceux qui auraient dû s'y opposer. — M. de Lamartine ne l'avait pas compris ; aussi est-il devenu le jouet de ces mêmes ambitieux qu'il avait servis. M. Thiers semble ne pas le comprendre davantage lorsqu'il déclare que, lui *régnant*, il ne sera pas porté atteinte à la forme décrétée d'autorité par les hommes du 4 septembre.

La proclamation d'une forme de gouvernement, outre qu'elle était un manque de respect pour la volonté nationale, était certainement l'exercice réfléchi d'une influence coupable. « Le tyran est celui qui, de sa propre autorité, se fait prince souverain sans élection, ni droit successif, ni sort, ni juste guerre, ni vocation spéciale de Dieu. » (S. Bod., ch. v, liv. II.)

La République, disait-on dans les départements, est proclamée à Paris, et le peuple, on croyait que c'était le peuple qui l'avait faite, est décidé à la lutte plutôt qu'à y renoncer.

Le tableau de cette ville immense livrée à la merci d'une populace en armes, la menace sans cesse à la bouche, sans autre frein que ses caprices, pouvant tout en l'absence de toute espèce de pouvoir régulier capable de servir de contre-poids à ses violences, a déterminé la province à ne pas protester alors contre le régime qu'on lui imposait, par compassion pour toutes les victimes que sa protestation aurait pu faire tomber sous la hache révolutionnaire.

Tout le monde se souvient de l'intimidation exercée par les fameuses circulaires ultra-dictatoriales lancées de tous côtés comme des bombes incendiaires, sous la déraison sociale Ledru-Rollin et Ce, circulaires qui semblaient désigner au poignard de la vengeance ceux qui se montraient tièdes à l'endroit des nouvelles institutions. C'est à l'influence exercée par les commissaires envoyés dans les départements , c'est aux bulletins démagogiques affichés dans toutes les communes, c'est aux clubs, c'est à la presse anarchique, dont la fureur allait jusqu'à la démence, c'est enfin à la pitié de la province qu'il faut attribuer l'envoi à l'Assemblée constituante des représentants qui, en 1848, ont sanctionné l'illégalité du Gouvernement provisoire. Ils n'étaient d'ailleurs pas maîtres de faire autrement ; leur indépendance n'était nullement à couvert, rien ne leur garantissait leur inviolabilité, et leurs vies mêmes n'étaient pas à l'abri du danger. Je le prouve sans délai.

V

« Pour bien apprécier la position, les travaux et les services de cette Assemblée, dit M. Dupin, *Introduction de la Constitution de* 1848, il ne faut pas oublier quel était alors l'état de Paris. La garde nationale était dissoute, l'armée rejetée hors des murs, et la multitude protestant contre son retour ; les étrangers avaient regagné leurs pays. Les plus riches habitants, ceux qu'aucun devoir ne retenait à Paris, avaient déserté leurs domiciles menacés et étaient allés chercher un asile dans les départements ; le crédit était nul, le commerce anéanti, les travaux suspendus, la misère instante.... et une sorte de terreur sourde à l'ordre du jour.

« Les ouvriers égarés par les folles prédications du socialisme, détournés de leurs ateliers par les fausses promesses du Luxembourg, animés de jalousie contre leurs patrons, auxquels ils se vantaient de bientôt succéder, réunis par la grève volontaire ou forcée en ateliers nationaux, où, sans rien faire d'utile, ils épuisaient le trésor public, alimenté par l'impôt du laboureur et de la terre, sur laquelle on prélevait un surcroît d'impôt de 45 centimes. Ces malheureux, au nombre de cent vingt mille, surexcités par des journaux et des placards incendiaires, offraient, par leur formation en compagnies et en brigades, une véritable armée insurrectionnelle tenue en disponibilité pour l'émeute, pour ce qu'on appelait alors des démonstrations, et bientôt aussi pour la guerre civile, quand les meneurs en donneraient le signal. (On commandait tant d'hommes pour une démonstration, comme on aurait commandé des régiments pour une revue, et la paie allait toujours : c'était là une manière de travailler.) Dans cette masse, beaucoup gémissaient sans doute de cette situation ; mais cernés, comprimés par les autres et par le mélange impur d'un grand nombre d'étrangers et de forçats, auxiliaires naturels de toutes les émeutes, retenus d'ailleurs par le besoin, ils n'en continuaient pas moins à grossir le torrent.

« Tels étaient les éléments de désordre, les moyens d'intimidation préparés par les agitateurs. La liberté d'esprit des représentants n'en a pas été visiblement troublée, mais il est certain qu'en général leurs résolutions ont été influencées par les circonstances. »

La République de 1848 a été le triomphe d'une coterie armée sur des hommes sans défense. Or, voici ce que dit un politique habile :

« Une coterie ne saurait faire un gouvernement ; elle a une tache ineffaçable, celle de l'usurpation ; elle est obligée pour se maintenir de rechercher la majorité des suffrages, afin sinon de légitimer son existence, de tempérer du moins le courroux suscité par son élévation ; elle doit se séparer de ceux qui l'ont élevée, pour ne point satisfaire les exigences de leurs ambitions ; elle s'en fait des ennemis ; la guerre est dans le sein même du gouvernement ; il faut absolument qu'il mente à son origine, qu'il la désavoue. L'habileté ne suffit pas pour gouverner (c'est un reproche qui ne peut s'adresser aux républicains), il faut les sympathies. Le gouvernement doit être un culte pour les gouvernés ; que faut-il pour qu'il ait ce caractère sacré aux yeux des peuples ? Qu'il soit l'expression manifeste, vivante, active de ses pensées, de ses désirs, de ses besoins, de ses penchants, de son bien-être actuel et de ses espérances dans l'avenir. Élever un drapeau qui n'est que celui d'une faction, c'est vouloir qu'on en impose un autre ; il n'y a qu'une couleur possible, celle que tous ont demandée ; symbole de l'opinion générale, elle aura le pays pour soutien ; c'est l'union, c'est la force, c'est la dignité ; c'est la grandeur, l'omnipotence de la nation ; tout autre n'est qu'un signal de révolte. »

Récemment, hier, nous venons de voir que c'était un signal de carnage, et que la République n'est véritablemenf que l'émeute en permanence.

On n'a cessé en 1848 de voir les rues de la capitale et des grandes villes encombrées d'hommes prêts à se déchirer, que lorsque la République n'a plus eu à sa tête des républicains. C'est à cette intervention qu'elle a dû de durer quelque temps, s'ils fussent demeurés, tout, comme aujourd'hui, se serait éteint dans le sang. Les hommes de la monarchie ont allaité la République, et, chose inouïe, ce sont encore eux qui la protégent. Cette galère montée par des républicains est incapable de résister à la moindre bourrasque. Hommes de violence, les républicains n'auraient su gouverner que par elle, à la violence la violence aurait répondu. La France, notre pauvre France, si flétrie et si déshonorée, n'aurait plus offert que le spectacle d'une vaste sédition ; et comme l'effervescence des passions n'est pas moins contraire à la nature physique et morale de l'homme qu'à la constitution politique des Etats, qui n'ont été formés que dans l'intérêt de ceux qui en sont membres, il en serait résulté forcément que le vice qui les aurait élevés les aurait précipités. Les excès du désordre auraient puni le désordre même.

VI

« Prendre les passions du peuple pour auxiliaire dans la fondation des gouvernements, disait Malouet à l'Assemblée constituante, c'est vouloir bâtir un édifice en en sapant les fondements, puisque c'est apprendre au peuple à tout braver. Tout ce qu'on fait, tout ce qu'on veut avec passion, soit qu'on lui commande ou qu'on lui obéisse, soit qu'on veuille le flatter, le tromper ou le servir n'est que l'œuvre du délire. » Ce qui fonde un Etat le peut seul conserver : la violence et la paix ne peuvent se trouver réunies ; le prétendre serait absurde, leur nature étant de s'exclure réciproquement. La violence, c'est le désordre, la négation de tout principe, la désorganisation, l'anarchie, la mort. Et comme l'ordre est la condition de vie des gouvernements, la République ne pouvant arborer que le drapeau du désordre, puisqu'elle ne s'est jamais produite en France que comme une usurpation violente sur un pouvoir organisé, elle n'a rien qui puisse la faire vivre. Pour lui permettre de respirer, il a fallu lui appliquer les principes de la monarchie. Les républicains devraient donc se donner de garde d'insulter les hommes de la monarchie qui les ont sauvés d'eux-mêmes. Ils ont un motif plus péremptoire encore de les respecter, c'est qu'au fond rien n'est plus monarchique que ces hommes. Ils ne veulent pas de roi, mais ce n'est que parce que chacun d'eux voudrait l'être. Leur prétendu principe égalitaire ne repose uniquement que sur la peur inspirée à chacun par son orgueil d'être forcé d'obéir un jour à plus puissant que lui.

« Le titre que chacun ne souffre chez autrui, chacun avec plaisir le recevrait pour soi. »

L'égalité, a-t-on dit, est la fureur de tous ceux pour qui la supériorité des autres est un martyre. Cela est surtout vrai si on l'applique au révolutionnaire. C'est le seul de l'espèce humaine qui croie avoir le droit de ne rien faire ; il discute au lieu de travailler ; il ne se trouve jamais à sa place ; ne désirant que ce qui est hors de sa portée, il perd en combinaisons ce qu'il peut réellement acquérir, ou laisse échapper ce qu'il tient ; et comme sa tension d'idée vers ce qu'il souhaite l'empêche de voir qu'il est lui-même l'instrument de sa ruine, il en accuse la fortune, le Gouvernement, Dieu lui-même. C'est la négation au premier chef de la civilisation. La civilisation, c'est la douceur dans les mœurs, la convenance dans les rapports, la politesse dans les entretiens, la décence dans les habits, une certaine culture dans toute la personne, des manières aisées, affables avec tout le monde, de la délicatesse dans les sentiments, un amour constant de l'ordre, un respect étudié pour tous les carac-

tères et toutes les consciences. Le révolutionnaire, au contraire, se plaît à se faire remarquer par l'âpreté de son hu-
meur, la sordidité de ses vêtements, l'inconvenance de ses
expressions, l'excentricité de ses manières, la rudesse de
son langage, une prédilection sans limite pour le bruit, le
tumulte, la destruction ; une brusquerie sans pitié pour les
convictions les plus honorables ; enfin, par tous les vices
d'une nature abrupte et sauvage. Si du moins il ne nuisait
qu'à lui-même, peut-être pourrait-on le supporter ; mais ce
n'est point assez : son esprit de vertige veut de l'espace ; il
lui faut le monde pour servir de théâtre à ses exploits. C'est
le fléau de tout ce qui est. Tous sont impatients d'avoir toujours obéi, et tous sont incapables de commander.

Je m'étonne donc qu'après toutes les saturnales sanglantes
qui sont venues affliger le sol français, ce qu'il y a d'hommes
de cœur en France ne se ligue pas pour réduire au silence
ces esprits turbulents et séditieux qui, partout où ils portent leurs idées dévastatrices, altèrent la constitution politique des Etats. N'oublions pas que la crainte seule du châtiment faisant leur innocence, rien ne sera sacré pour eux
du moment qu'ils espéreront l'impunité. Le pouvoir exécutif
est honni, sifflé, dégradé, traîné dans la fange de leurs co-
lonnes. Les lois sont à leurs yeux, tant toute espèce de frein
leur est insupportable, des violations de la liberté, le refuge
de l'iniquité et du privilége. La magistrature, qui semble
n'être plus aujourd'hui que le seul môle avancé contre lequel
leurs vociférations viennent se briser sans lui faire brèche,
n'est qu'une machine usée qu'il faut faire sauter. Et ce qu'il
y a de plus inconcevable, c'est que ces convulsionnaires
osent s'appeler le PEUPLE ! Mensonge et trahison. Des hommes perdus de débauche, des journalistes sans pudeur, des
avocats tarés, des repris de justice, voilà leurs recrues !

Quiconque fait une faute passe aussitôt dans le systéme révolutionnaire : c'est l'abri des amours-propres humiliés ; c'est la mise en commun des remords de la médiocrité et des goussets vides par fainéantise. Est-ce là le peuple ? Honte à vous, qui lui faites tant d'honneur !

VII

Le peuple, c'est la France honnête ; ce sont les braves ouvriers des villes, qui rougiraient de manger un pain qu'ils n'auraient pas gagné, loin de se repaître des fruits du brigandage, ainsi qu'on les y sollicite sans cesse ; ce sont les commerçants, qui partagent la vie de l'ouvrier dans l'atelier et le magasin ; ce sont les laborieux agriculteurs et manœuvres des campagnes, qui cultivent péniblement un petit champ, le champ de la famille, qui donne à tous un pain sans doute trempé de sueur, mais qu'ils peuvent manger sans remords au milieu des transports et de la sainte joie du foyer domestique ; ce sont ceux qui, devenus riches, parce qu'ils ont travaillé ou les leurs, goûtent un repos légitime après des années consacrées à la prospérité publique, et qui, bien que retirés des affaires, répandent le bien-être sur tous ceux qui les entourent par du travail donné aux uns et une assistance délicate aux autres ; ce sont tous ceux qui s'appuient sur le droit, qui confondent leur pensée dans la pensée publique, dont l'intérêt personnel va puiser son aliment dans l'intérêt général, auquel ils se subordonnent ; tous ceux enfin qui ne cherchent point à satisfaire une ambition sans frein, qui ne veulent point se mettre à part de l'existence commune, se créer d'autres statuts que ceux de la majorité, se couvrir d'une popularité menteuse afin d'entraîner à leur suite et de les précipiter dans l'abîme, ceux qui céderaient à la séduction de leurs promesses.

Voilà ce que c'est que le peuple, et non ce ramas impur de vagabonds, de déclassés, toujours prêts à élever des barricades, et sur les cadavres desquels les instigateurs marchent sans hésiter dès qu'ils croient leur triomphe assuré ; car ce ne sont pas ceux qui s'enorgueillissent après la victoire d'être les chefs d'un parti qui les mènent au combat. Non, pendant que les balles sifflent, que le canon gronde, que le sang rougit le pavé des rues, ils se répartissent dans l'ombre, sous prétexte d'organiser le triomphe, les postes les plus élevés et les revenus de l'impôt. Quant aux hommes égarés qu'ils ont lancés comme une meute contre ceux qu'ils disent être leurs ennemis, ils les abandonnent à la paille des prisons ou à l'infamie de l'échafaud ; mais pour eux les hôtels bien garnis, les tables magnifiquement servies, les voitures à quatre chevaux, etc., etc. ([1]).

VIII

La multitude est tellement insensée qu'elle ne semble pas appelée à comprendre prochainement encore que ce ne sont jamais ceux qui font les révolutions qui en profitent, et que ses prétendus libérateurs ne sont que des bourreaux.

[1] Ceulx qui donnent le bransle à un Etat sont volontiers les premiers absorbez en sa ruyne : le fruit du trouble ne demeure guères à celuy qui l'a esmeu; il bat et brouille l'eau pour d'aultres pescheurs.

(*Ess.* MONT.)

— Qui a fait que d'honnêtes gens, en grand nombre, ont déserté l'atelier pour courir dans les fabriques d'émeutes contre la chose publique ? qui a fait que partout le travail est devenu comme une honte ? qui a brisé plus d'une industrie ? qui a arrêté les transactions, paralysé le commerce, empêché la circulation des capitaux ? ceux qui payaient l'oisiveté et proclamaient l'insurrection comme le plus saint des devoirs dans l'enceinte même des lois ; ceux qui excitaient les pauvres contre les riches ; ceux qui, en changeant les noms des choses, en mettant des sentiments en apparence patriotiques à la place des sentiments de l'honneur, de la probité et de la pureté, en s'asseyant même aux places les plus augustes avec un masque de vertu, ont cru qu'ils imposeraient à l'opinion publique ; ceux enfin qui, par leurs discours incendiaires, tiennent en alarme les existences et les fortunes ; qui, par leurs conseils sinistres, égarent et détériorent l'esprit public. — C'est assez ; sortons de notre léthargie, secouons notre torpeur.

La République est un volcan dont les révolutionnaires sont la lave. Malheur à nous s'ils devenaient jamais les maîtres ! Les égorgements dont Paris vient de jeter l'épouvante au monde en sont la preuve. Luttons, et avant de tendre la gorge au couteau faisons nos efforts pour revenir à la stabilité. C'est en cherchant des chemins nouveaux loin de Dieu et de ses princes, que la France a perdu sa voie ; il faut qu'elle revienne par un prompt retour à ce qu'elle a indignement méconnu.

IX

Avec la versatilité de nos idées, de nos goûts, la nature de nos penchants, il nous faut absolument quelqu'un qui veille sur nous, sur nos intérêts, que nous ne savons ni protéger ni défendre ; quelqu'un qui, voyant pour nous des maux et des dangers que notre légèreté ne nous permet pas de saisir et de comprendre, soit toujours là, prêt à les conjurer, un tuteur qui prenne sur lui, en vertu de la délégation du pays tout entier, de pourvoir à son bonheur, de créer tout ce qu'il croira propre, malgré la résistance de brouillons sans idées, d'agitateurs sans mérite, à favoriser l'intérêt de tous, de concert avec leur dignité.

La France, on ne peut se le dissimuler, est essentiellement monarchique ; elle est difficile à gouverner, mais elle veut l'être. C'est un pays où quelqu'un doit penser pour ceux qui ne s'en soucient guère, et il y en a beaucoup. Voltaire, à son époque, écrivait : « Nous disons prodigieusement de sottises, nous en faisons beaucoup, mais tout cela passe bien vite, on ne s'en souvient plus au bout de huit jours. La gaieté de la nation semble inaltérable, on apprend à Paris le tremblement de terre qui a bouleversé trente lieues de pays à Saint-Domingue, on dit : C'est dommage, et on va à l'Opéra. Les affaires les plus sérieuses sont tournées en ridicule. »

Cet esprit n'a pas changé ; toujours léger, inconstant, frivole, l'enthousiasme pour le nouveau le jette sans cesse au-delà des bornes de la raison et du sens commun. Rien dans notre malheureux pays ne se fait avec mesure, tout avec passion. On adopte aujourd'hui ce qu'on répudiera demain ; on brisera demain ce qu'on a acclamé hier, et tout cela en riant. Divisés pour le bien, réunis pour le mal, chacun travaille avec ardeur à la ruine de tous, comme à la sienne, sans s'en douter ; puis, quand l'abîme est tellement large et profond qu'il frappe les plus aveugles, personne ne veut convenir d'avoir aidé à le creuser ; il n'y a qu'un criminel, le Gouvernement ; on s'insurge contre lui et on le renverse, sans comprendre qu'on abâtardit ainsi un Etat, qu'on lui enlève ce qui sert de fondement à la durée des empires, l'ordre et la paix, qu'on l'isole des autres puissances continentales, qui, le considérant comme un foyer de révolution, ourdissent contre lui des coalitions qui, si elles ne l'effacent pas du monde géographique, lui imposent un système qu'il ne peut secouer qu'après bien des années, en sacrifiant ses hommes et ses trésors.

Serait-il donc écrit au livre de la destinée des empires que notre chère France doive retomber dans les langes grossiers de la barbarie, ou devons-nous craindre qu'asservie sous la baguette de fer d'un despote étranger, elle ne soit prise désormais pour terme de comparaison, à l'effet d'exprimer la misère d'un grand peuple !...

J'espère que non ; mais il faut que les querelles particulières s'éteignent en présence du danger commun, que les inimitiés tombent devant l'intérêt public, que l'ambition des partis cède aux besoins de la patrie.

X

La mobilité qui nous secoue, les incertitudes qui nous assiégent, les désenchantements que nous subissons, les périls qui nous menacent ne viennent que de ce que nous avons cessé d'asseoir nos destinées sur des principes fixes, parce que des passions grossières ou des intérêts accidentels et aveugles peuvent toujours en disposer. Les révolutions incessantes dépravent l'esprit public, elles le rendent indifférent aux choses et aux hommes.

« Il n'y a que les idées fondées sur des idées morales qui connaissent les dévouements solides ; il n'y a que les institutions et les causes assises sur des principes qu'on voit s'élever à la dignité d'une foi pour inspirer des sacrifices et une fidélité plus durable que leur puissance. »

Mettons donc un terme aux inquiétudes qui nous assiégent depuis plus d'un an. Vivre dans une crainte perpétuelle n'est pas vivre. « Chacun sent que l'ordre actuel n'assure pas son salut, tandis qu'il n'est personne pour qui un roi ne représente l'idée de paix, de gloire, de liberté, de respect des choses et des hommes. C'est le seul gage de la sécurité pour la liberté individuelle, le développement moral, l'interêt des familles, la sauvegarde des droits que l'homme tient de sa nature même et qu'on ne craint pas cependant aujourd'hui de lui contester. » — Revenons-y, et les révolutionnaires, rendus à leur nullité, n'auront pas un seul partisan ; ils disparaîtront dans l'oubli qu'appellent la médiocrité de leurs talents et la servilité de leur caractère. Ils ne sont forts que de la crainte qu'ils inspirent. Que les honnêtes gens ne soient point lâches, et ils verront s'évanouir le fantôme dont ils sont poursuivis.

XI

Changer la forme d'un gouvernement n'est pas changer l'esprit des gouvernés. En vain nous crie-t-on que la République est le gouvernement de tous, pour tous, par tous. La France, encore une fois, n'est pas républicaine.

Le gouvernement de tous... Non, les Français sont asservis à ce régime, voilà la vérité ; mais ce n'est pas le leur, il ne saurait entrer dans leurs mœurs, ils sont encore trop honnêtes, parce que la République, telle que la comprennent les républicains, est l'arêne des passions, et que tout gouvernement qui y fait appel ne sera jamais qu'un gouvernement de démoralisation, ce qui est absolument contraire au but qu'il doit s'efforcer d'atteindre.

Par tous... Ce n'est pas possible ; où tout le monde gouverne, on ne voit que la confusion, le désordre, l'anarchie et bientôt la guerre civile. Quand chacun peut dire : L'Etat, c'est moi !... il n'y a plus d'Etat ; l'Etat c'est la réunion de tous les intérêts, de tous les individus vivant sous les mêmes institutions pour s'entr'aider et au besoin se défendre. Qui dit l'Etat, dit solidarité entre tous les membres qui le composent, droits et devoirs par tous, découlant d'une même source. Si chacun est législateur, il y a autant de lois que d'individus, et l'intérêt privé sert seul de boussole et de but aux passions. Un pareil Etat n'est qu'un mensonge. La souveraineté nationale, en effet, et quoi qu'on dise, ne peut s'exercer que par délégation, et la meilleure est sans contredit celle faite à un seul (ce qui n'empêche pas l'exercice du droit de contrôle) ; la preuve, c'est que dans les crises, dans les circonstances difficiles, elle est nécessaire, elle s'impose, et c'est pourquoi je ne crains pas d'avancer que si le pouvoir unitaire est capable d'un plus grand bien dans les temps orageux, dans les cas désespérés, que le pouvoir multiplie, divisé, *à fortiori* en sera-t-il capable en temps calme. Cela va de soi.

Pour tous... En cela, la République n'a rien qui lui soit spécial· Tout gouvernement est pour tous. Du moment qu'il existe des lois sages et des magistrats intègres, chacun trouve ses droits également garantis.

XII

Ce n'est pas, au reste, dans les administrateurs qu'il faut rechercher l'opinion publique, c'est dans les administrés. L'élection de la majorité des membres de l'Assemblée nationale est un symptôme de retour aux idées vraies, et les pétitions qui probablement encombreront bientôt la tribune parlementaire ne permettront pas aux plus aveugles de se méprendre sur la pensée qui les rédige. On peut retenir pendant quelque temps derrière les digues de la peur et du mensonge l'expression des vœux et des sympathies d'un grand peuple ; mais il est une loi supérieure à toutes les digues, et qui les renversera ou passera par-dessus pour faire rentrer les eaux de l'opinion dans le lit de la vérité.

« Loi conforme à la nature, inscrite dans tous les cœurs,

que rien ne peut faire disparaître, et que cependant on voudrait étouffer, immuable, éternelle, dont la voix nous trace nos devoirs, dont les menaces nous détournent du mal, sans que jamais ses ordres ou ses défenses soient perdus pour les bons ou que les méchants s'y montrent sensibles. Cette loi, on n'en saurait rien retrancher, on ne peut la détruire. Il n'est ni sénat ni peuple qui nous en puisse affranchir ; elle n'a besoin ni de commentateur, ni d'interprète ; elle est la même partout, la même aujourd'hui, la même demain ; toujours une, elle embrasse tous les temps et tous les peuples. Le Souverain de l'univers, le Dieu qui l'a conçue, discutée, publiée, est le seul aussi qui nous l'enseigne à tous ; ne pas lui obéir, c'est se fuir soi-même, c'est dépouiller son caractère d'homme, c'est s'infliger le châtiment le plus terrible, même lorsqu'on échapperait à ce que nous regardons comme des supplices, la droite raison ! » (Cicér., VI, 8.)

Qu'elle nous inspire..... Le dévouement à la patrie n'admet pas de terme. Réunissons-nous tous dans une même pensée. La France dévastée, amoindrie, déshonorée, agonisante, nous y invite. Le temps est arrivé d'en finir avec ces utopies douloureuses qui toutes ont abouti au renversement de l'ordre moral et matériel, à l'incendie, au pillage, à l'assassinat. Le temps est venu de substituer l'intelligence à l'ineptie, la foi religieuse à la crédulité stupide, de faire succéder aux blasphèmes l'hommage à Dieu, au mépris des hommes et des principes le saint respect des devoirs et du droit, la gloire à l'avilissement.

Trente-huit millions d'âmes ne peuvent pas aimer un gouvernement au nom duquel les plus énormes crimes ont été commis, les doctrines les plus funestes répandues.

La République n'est pas de ce monde : c'est le gouvernement des anges ou des démons ; il ne peut nous convenir. Les essais qu'on en a fait, retracés par l'histoire, sont, en général, demeurés infructueux, et ceux mêmes qui s'en étaient faits les apologistes, qui s'en étaient déclarés les partisans les plus fervents, ont confessé qu'il ne devait pas sortir du domaine de la théorie.

XIII

« — La meilleure constitution politique, dit Cicéron, est celle où se combinent avec mesure les trois principes : monarchique, aristocratique et populaire. (*De Reip.*, II, page 121.)

— Le plus parfait des gouvernements ne serait-il pas celui dont les pouvoirs se serviraient de contre-poids, où l'autorité du peuple réprimerait la trop grande puissance des rois, et où un Sénat choisi mettrait un frein à la licence du peuple. (*Poly. Excerp.*, liv. VI, chap. VIII et IX.)

— Tacite partageait la même opinion et regardait le gouvernement représentatif comme si parfait, qu'il est plus facile à louer qu'à établir. (*Ann.*, liv. IX, ch. XXXIII.)

— Plutarque donne également la préférence au gouvernement monarchique, comme à celui qui, seul, peut porter la vertu à sa plus grande perfection, sans jamais sacrifier l'intérêt public à la force ou à la faveur. (*Précep. polit.*)

— Aristote déclare que la meilleure constitution est celle qui réunit le plus d'éléments divers, celle par exemple où se trouvent combinés la monarchie, l'oligarchie et la démocratie. (*De Reip.*)

— Enfin, Platon lui-même, dans son propre traité, se prononce pour ce gouvernement. Voilà donc le gouvernement républicain condamné en faveur de la monarchie par ceux-là mêmes qui vivaient dans des Etats républicains, et sans doute, parce qu'ils avaient eu le malheur d'y vivre !.. »

Le gouvernement monarchique a, d'ailleurs, des partisans modernes dont l'autorité ne saurait nuire à sa cause.

« Tout gouvernement, pour être bon, doit renfermer en lui les conditions de sa stabilité, car au lieu du bonheur, il ne présenterait que la perspective d'une continuité de changements. Quand un pays compte une population immense, qu'il existe autour de lui des voisins puissants qui l'obligent à ne faire qu'une seule masse de ses individus pour leur résister, il est incontestable que le remède ne peut exister que dans le gouvernement monarchique. Quand une nation est peuplée et étendue, il n'existe, et l'art de la politique l'a prouvé, que deux moyens de lui donner une existence solide et permanente, ou bien organiser les partis en lutte. mettre dans chaque section de l'empire une portion du gouvernement, et fixer ainsi la stabilité aux dépens de l'unité, de la force et de tous les avantages qui résultent d'une grande et homogène association ; ou bien, si on laisse subsister l'unité nationale, placer forcément au centre une puissance immuable qui, n'étant jamais renouvelée par la loi, présentant sans cesse des obstacles à l'ambition, résiste avec avantages aux secousses, aux vibrations rapides, aux rivalités d'une population immense. Point de stabilité que par le gouvernement monarchique, c'est-à-dire par la remise des rênes du pouvoir exécutif dans une famille par droit de succession héréditaire. (Barnave, à l'Assemblée constituante de 1791.)

En effet, « le roi meurt-il, vive le roi ! voilà tout, et chacun vaque à ses affaires, l'esprit libre, le cœur content, sans craindre l'avenir, sans demander : Qu'arrivera-t-il demain ? La société est en sûreté, et la succession légitime de la famille royale garantit à chaque famille en particulier sa succession légitime. » (Châteaub,)

Un autre dit à son tour : Quand il s'agit de se conserver, de se reproduire, de se développer, de se maintenir en harmonie avec le milieu européen, de garder ses lois et ses mœurs, de préserver ses traditions, de perpétuer les opinions et les cultes, de garantir les propriétés et le bien-être, de prévenir les troubles, les agitations, les factions, la monarchie est évidemment plus propre à cette fonction qu'aucun autre état de société. Elle est l'ordre par essence : c'est sa vie. C'est le gouvernement de la prudence, parce que c'est celui de la plus grande responsabilité. Quand donc une nation a sa place sur un territoire suffisant, ses lois consenties, ses intérèts fixés, ses croyances consacrées, son culte en vigueur, ses classes sociales graduées, son administration organisée, elle est monarchique en dépit des mers, des fleuves, des montagnes, elle charge la monarchie de prévoir, de vouloir et d'agir pour elle. C'est le plus parfait des gouvernements pour cette fonction ; il s'appelle des deux noms de la société elle-même : unité, hérédité. » (Lamart. *Hist. des Girond.*, t. Ier, liv. 7, § 8.)

Le jugement du même auteur sur la République couronne enfin tout ce que nous avons dit :

« La République, c'est la foule au gouvernail ; il n'y a de responsabilité pour personne. Aujourd'hui au pouvoir, demain en exil ou à l'échafaud. Nul n'a de lendemain, on est tout au jour. C'est le gouvernement de la passion, c'est le gouvernement des crises, c'est le gouvernement des révolutions !!!..... » (*Id.*)

C'est le vrai mot, et nous avons vu la chose avec toutes ses folies et tous ses crimes. Cessons donc de nous donner en spectacle au monde et de devenir pour lui un objet de dérision et de mépris. Si nos députés d'aujourd'hui ne se sentent pas en puissance de nous rendre à la fois la forme et le principe monarchiques, qu'ils se retirent ; et, soit par l'intermédiaire de nouveaux mandataires choisis, épurés, soit directement, rétablissons la *monarchie*. C'est l'unique moyen de sauver la société, car ce sera du même coup protéger la religion, unique base de la morale, rasseoir l'esprit public profondément altéré par les passions anarchistes, et inspirer aux peuples qui nous environnent et redoutent notre contact, de l'indulgence pour nos égarements et du respect pour nos malheurs.